CERCA

MUY

CERCA

Con la valiosa colaboración de los integrantes del "Club de Literatura" de Francisca Argüelles

Priscila De la Cruz

Dhar Services

Editorial Arte en Diseño Global

www.dharservices.com   P.O. Box 290 Yelm, Wa 98597

email: info@dharservices.com o dharservices@gmail.com

Carátula© Xiomara García

Fotografías de los niños recibidas de: Priscila De la Cruz
free stock of Dreamstime RF-LL flower & nature 219942/ 178814/ 241125/198631/ 192210/251514/251497/251527/257779/2511518 de pg: 1/6/8/9/10/18/19/22/23/ 27/37/44 Velia. Rangel p. 33/ 36
 Edilma Ángel: p. 2/3/4/5/7/11/12/13/14/15/16/17/20/21/24/25/26/28/29/30/31/32/34/35/38/39/40/41/42/43/45/46/47/48/49/50/51/52

Oleo carátula: Rafael Nuñez Anaya

ISBN-13: 978-1-939948-28-1

ÍNDICE

NOTA: Sin secuencia alfabética

HOMENAJE A:

LOS NIÑOS

DE FUNDACIÓN

MAGDALENA

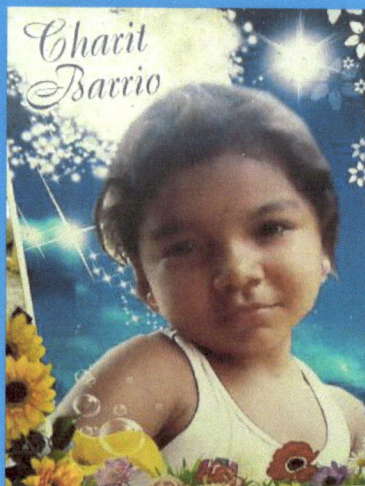

Charit Barrio

Andrea C. Quintero

Belkis Johana Paut

6

Lana Paola Daza

Claudia Meza

Desireth Johana De la Hoz

7

Jhonny Baron

Juan Diego Martinez

Keiver Erazo

8

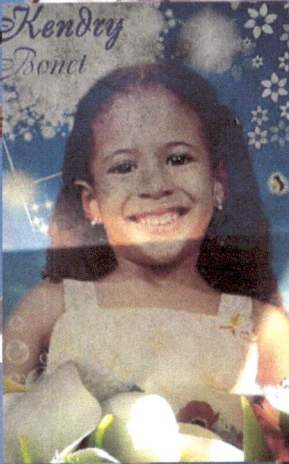

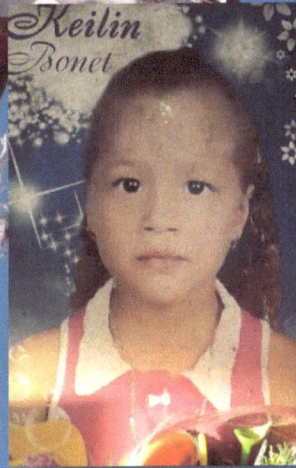

Kenner Fernández

Manuel Hernandez

Lucas Rocha

Lucelia Ibarra

Keysi Martinez

Luz Nai De la Cruz

11

Yerinson
Terraza

Antonio
Pabon

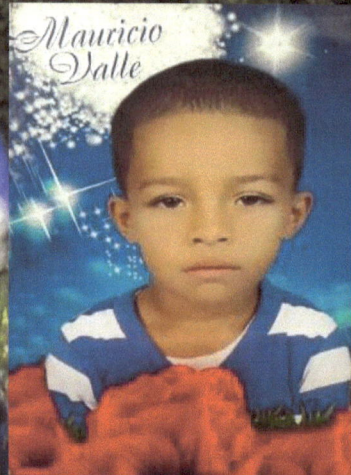

Mauricio
Valle

12

Yireth Molano

Thailyn Hernandez

Sherit Terraza

13

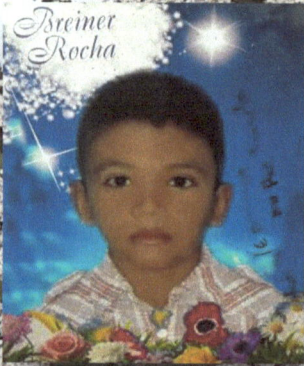

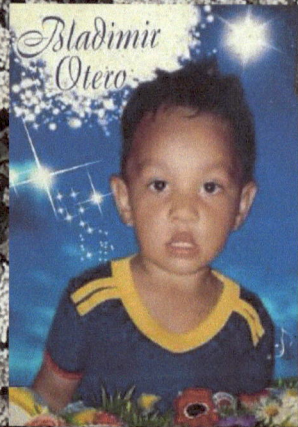

14

15

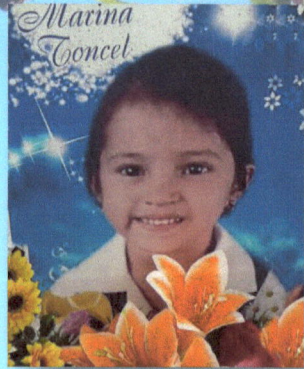

16

PRÓLOGO

Los escritores del "Club de Literatura", nos unimos al dolor de las familias del pueblo de Fundación, en este libro, "Cerca, Muy Cerca". Con profundo amor, apoyamos este proyecto de la Sra. Priscila Suárez, miembro del Club.

Deseamos que nuestro trabajo, brinde consuelo a cada familia que sufre la pérdida del ser que más se quiere. Y les de paz, con el paso del tiempo. Ese tiempo que no se borra, no se olvida, pero el Señor nos da fuerzas inexplicables en los momentos difíciles, como este.

La poesía de Alaín L. de León, da el título a la portada del libro.

Pintura oleo por Rafael Nuñez Anaya, colombiano natural de Fundación Magdalena, ofrecida en honor de los niños.

Diagramación especial ofrecida por D'har Services.

Pueblo de Fundación, Magdalena, Colombia; estamos en oración con ustedes, su tragedia es nuestra también.

Sra. Francisca Argüelles
Directora. "Club de Literatura"

17

Porque esta es la voluntad de mi Padres que todo el que contempla al hijo y ejerce fe en ÉL tenga vida eterna..."

Juan 6:40

Un denso humo cual manto tejido al pueblo cubrió; visión de angustia, tristeza y dolor. Noches silenciosas que estremecen al corazón, enunciando una oración sin el dúo de un amén, sin melodiosas e ingenuas canciones de cuna, sin cuentos que lleguen al final por la presencia del generoso velo del ensueño.
Solo quedaron huellas de pequeñas manos en el jardín de la inocencia, la mente se interna en un espacio sin fondo, sin límites, ansiosa de encontrar el único bálsamo que alimenta una abatida alma:

EL DULZOR DE LA ESPERANZA

Pinta una pared color verde
el vestido de la muñeca
la franja del balón
el arco de la peineta
los cordones de su bota
la hebilla de la sandalia,
el maletín que a la escuela,
a diario le acompañaba.

18

Pinta corazones verdes
arrójalos al espacio
y la cadencia del viento
en el cielo los va dejando
entre luceros y estrellas

33 corazoncitos la luna fue entrelazando.
Alza los ojos y mira
con luz propia están brillando.

¡Qué la cadencia del viento los lleve!

Con amor

Priscila De la Cruz
Oct. 17, 2014

19

CERCA MUY CERCA

Nunca he estado en Fundación,
tal vez no vaya nunca.
No jugué con Michell ni con Lucas o Juan Diego.
No levanté en peso a Bladimir ni a Sheril,
para que vieran el mundo desde el límite de mis manos.
No le hice cuentos a Keilin ni a Claudia ni a Lucelia.
No abotoné la camisa a Jhonny Fred ni la de Antonio.
No le di un consejo a Dana ni a Breiner.
No me persigné junto a Jesús ni con Eileen.
No senté a Mauricio en mis hombros.
No le vi fruncir el ceño a Kendry
ni escuché la risa de Keysi ni la de Charit;
ni vi bailar a Desireth ni a Dianis;
ni correr por el parque a Yerinson.
No le di un caramelo a Marina ni a Manuel,
ni compartí mi merienda con Andrea.
No escuché cantar a Belkis.
No ayudé en sus tareas a Keiver ni a Yireth.
No peiné los cabellos de Luz
ni le hice trenzas a Yelena
ni le puse una flor en la oreja a Thailyn
ni le conté un secreto a Kenner
ni supe la comida favorita de Selena
ni le escribí un poema a Luisa.

20

No hice las cosas que quizá no habría hecho
de estar de visita en Fundación.

Tal vez, para mis ojos,
hubiesen sido anónimos,
niños anónimos y felices
de camino a la escuela o al templo
o a la casa o al parque.
Niños anónimos que, de seguro,
me habrían arrancado mil sonrisas,
pero que nunca un dolor
como este que me quema.

Nunca he estado en Fundación,
tal vez no vaya nunca,
pero ahora me encuentro
muy cerca, muy cerca.

Alain L. de León.
19 de septiembre de 2014

21

"Dejad que los niños se acerquen a mi porque de ellos es el reino de los cielos"

Mateo 19:14

Esperanza

En el patio, el niño jugaba con su perro. Su madre lo observaba desde la ventana, y dos lágrimas adornaron su triste rostro. Ella le pidió a su hijo que entrara a la casa, iba a llover. Obedeció el pequeño seguido por su fiel amigo, los esperaba un sabroso helado.

-Mamá. ¿Por qué estás triste?

La madre frunció el ceño, y atinó a decir:

-No estoy triste, qué te hace pensarlo.

-Desde que me llevaste al médico, tu cara está triste.

-No, hijo. Solo estoy preocupada, tu papá no ha llegado.

A la mañana siguiente, cuando la madre servía el desayuno, el niño dijo:

-Mami, anoche tuve un sueño muy lindo.

-Cuéntame ¿Qué soñaste?

-Soñé, que estaba rodeado de ángeles. Las nubes eran muy blancas ¡yo no caminaba! creo que... flotaba. De pronto apareció Jesús, me tomó de la mano, y nos sentamos donde había muchos niños que cantaban muy bonito. Todos eran felices, yo me sentí muy bien allí, y le pregunté a Jesús:

22

-¿Dónde estoy?

-Estás de visita en el cielo.

-¿Esos niños viven contigo?

-Sí, tú también vendrás, por eso tu mamá está triste, sabe que estarás pronto en el cielo. Te extrañará, nunca podrá olvidarte. Pero sentirá consuelo, porque vivirás junto a Mi, en este bello lugar, de vida eterna.

La madre, se puso las manos en el pecho, no podía creer lo que escuchaba. Su hijo irradiaba felicidad, los ojos le brillaban. Le dio un beso y lo abrazó muy fuerte, hasta que él, la separó diciendo:

-Mami. Debo terminar mi desayuno, tengo que aprovechar ahora y jugar con mi perro, porque en el cielo no vi ninguno.

Francisca Argüelles
Directora "Club de Literatura"
Oct. 4, 2014

SOY UN ÁNGEL, MIRA AL CIELO

Treinta y tres almas volaron
Al encuentro del Señor
¡Cuánta desdicha y dolor!
Que sus vidas acortaron,
Y sus padres enfrentaron
Con frustración, sin consuelo,
Cuando marcharon al cielo
Sin besos de despedida
Ni un abrazo en la partida,
Del padre y madre en desvelo.

Más un manto de piedad
Hoy cubra sus corazones
Por el vuelo de pichones,
Que viajó a la eternidad,
A un mundo de santidad
Donde solo el gozo abunda
Y la dicha más profunda
Que todo niño merece
Si ante Dios, nadie perece
Y su Gloria, todo inunda.

Ya son ángeles también
Sin dolor, sin sufrimiento

Era su día y momento
Junto al niño de Belén,

Piensen en Jerusalén
El Cristo Crucificado,
Déjalo estar a tu lado
Apóyate en su dolor.
Será una fuente de amor,
Que brota de sus costados.

De agua Viva que mitiga,
De esta vida toda sed
Ante infranqueable pared
De muerte como enemiga,
Dios es un manto que abriga
Es Eterno su desvelo
Vuelvan sus ojos al cielo
Y mi voz descenderá.
Ya nos veremos ¡papá y Mamá!
Soy feliz, tengan consuelo.

Ángela del Carmen López

¿Qué puedo decir si no hay palabras?
¿Qué puedo escribir si mis manos tiemblan?
Imposible tener inspiración de una tragedia
Por ti madre, que sientes sus partida, escribo.
Camas que marcan la ausencia
Escuelas y pupitres sin alumnos
Bancos vacíos de la iglesia
Domingos con cánticos mudos.
Dios, el único que trae consuelo
Cuando humanamente no se encuentra.
Quien supo que el cielo necesitaba ángeles
Los encontró camino a Fundación.
Nadie lo entiende y no sé cómo explicarlo
Pero de algo estoy seguro
En el regazo de Jesús descansan
Treinta y tres voces infantiles.

JOSÉ CABALLERO BLANCO

FUNDACIÓN MAGDALENA (acróstico)

Fueron momentos aciagos de
Un pueblo unido en el dolor
Nunca una tragedia así se sintió.
De todos los lados llegaban
Amigos y familiares afligidos.
Con flores en sus manos
Inspirando con su presencia a tan abatidos corazones.
¡Oh! Madres y Padres, ahora están rodeados
No de traviesos chiquillos con sus juegos

Mimos y abrazos.
Ahora tienen ángeles y querubines ¡Sí, lo son!
Graciosos, juguetones los ciñen y
Dan sus caricias a través de sutiles
Airecillos, frescos y perfumados. Los invitan a jugar con
La brisa, cuando la sientan abran sus corazones a la
Esperanza y al regocijo.
No hay límites en el cielo, sus angelitos les envían su
Amor y paz para qué permanezca por siempre en sus corazones.

EDILMA ÁNGEL

27

El pequeño príncipe

no pidió permiso para su partida

desconoce el dolor infinito

el vacío de la ausencia

lo esencial

viven los corazones

en el recuerdo

de la inocente algarabía

que no sabe la brevedad del tiempo

en los dibujos de boas y elefantes

que los adultos no entendemos

en las interminables preguntas

que a veces quedaron sin respuestas

Su pequeño mundo

es de juegos y alegrías

ahora riega la flor

cuida con esmero a su oveja

se sienta a contemplar

las innumerables puestas del sol

el pequeño príncipe es feliz

su estrella es la más brillante

solo hay que mirar al cielo

TERESITA CHACON

SEÑOR,
TU, que me hiciste Poeta
TU, que me distes el Don de la palabra
ayúdame a decir ahora
La palabra justa
La palabra precisa
La palabra exacta.

¡SEÑOR!
¿Cómo puedo ofrecerle a un padre Consuelo?
¡SEÑOR!
¿Cómo puedo ofrecerle Resignación a una madre?
¡SEÑOR!
¿Cómo puedo ofrecerles Esperanza?
¡Dámela TU, SEÑOR!
¡Dame esa Palabra,
que no encuentro!
¡Dámela TU, SEÑOR!
¡Dame esa Palabra,
que no sé!

GRACIAS SEÑOR,
y, perdóname
Por pedir
Por rogar
Por implorar.

¿Cómo no me percaté,
que la respuesta
estaba en acudir a TI?
GRACIAS SEÑOR,
Por darme la palabra FE.

QUERIDOS PADRES DE FUNDACIÓN: ESO LES OFREZCO.

ISABEL G. GARCIA ESTOPIÑAN.
Octubre 4 2014.

A LA MEMORIA DE LOS 33 NIÑOS ÁNGELES
DE FUNDACIÓN, COLOMBIA.

31

Sutil reposa el alma que se fue
No se asusta
No tiembla
No siente miedo
Solo danza y flota
en la luz del cielo

Osmani Guevara Gonzáles
Oct. 18, 2014

32

A LAS MADRES DE FUNDACION

El tiempo se detuvo. De repente, un enorme grito se oyó en los cuatro puntos cardinales. Se estremeció la tierra.
Una tragedia enlutó el lugar. Desde entonces, nada ha sido igual. Hay dolor. No hay consuelo. Trabajan, comen y duermen. Pero han perdido sus almas.
Las recuperarán cuando las madres se reencuentren con sus seres queridos. Entonces, habrá paz.

Maritza Trujillo

33

TRAGEDIA DE FUNDACIÓN
PROVINCIA MAGDALENA
COLOMBIA

Querido DIOS:

Se me ha pedido mandar consuelo a los padres de las víctimas del 18 de mayo de 2014, en Fundación.

Te pido me ilumines, ya que TÚ viste morir a TU HIJO también en condiciones terribles.

¿Qué puedo decirles a estos padres que pueda ayudarlos a llevar su pena?

Bendícenos SEÑOR,

Querida Cecilia:

La pérdida de un hijo, es el peor de los dolores imaginables.

En este caso y para consuelo de esos padres les puedes decir, que sus hijos están a MI LADO convertidos en ángeles y que los estarán esperando cuando ellos lleguen al REINO DE LOS CIELOS.

Gracias por pedirme ayuda. Te bendigo,

DIOS

María Cecilia Blanco

PERDONAR

Jamás hubiera pensado el pueblo agrícola de Colombia
llamado Fundación. Recibiría un golpe de tristeza
El llanto vertido allí, agotó sus emanaciones.
¡Pobre pueblo agrícola,
que le procurarán enlutada cosecha!
Antorchas fundieron 33 gladiolos.
Su perfume fue tan fugaz,
que el horario no pudo encontrarlos.
Callada y oculta su infantil ofrenda,
por cuanto supieron donar
al pueblo de Fundación
el amarillo de su joven sol.

Martin R. Miranda

Octubre,17 de 2014

MÁS ALLÁ

Mas allá de esta tormenta
Más allá de este dolor
Hay un cielo esplendoroso
Donde vive nuestro Dios
Para ti padre que sufres
Consuelo Él te dará
Un nuevo sol y esperanza
También te mostrará
A ti, madre que lloras
Paz recibirás, porque
Más allá de la tristeza
Más allá de la agonía
Descansa tu niño ángel
En los brazos del Señor

Gloria Ofelia Cristo

MI PUEBLO

Fundación, se encuentra al norte de Colombia. Es una ciudad acogedora, y de paz. Casi todos los vecinos nos conocemos. Somos pobres, pero la pobreza no es un delito, sino la mitad del mundo sería delincuente. Eso dice mi padre, un hombre trabajador, hogareño y de fácil palabra. Le gusta contar chistes y los dice tan serio que en algunas ocasiones desconoces si te toma el pelo. Algunas personas lo creen charlatán, aunque no se lo dicen. Me sentía afortunado sin dinero, por el mero hecho de tener a mis padres, hermanos, amigos, y familiares cariñosos. Todos los días en la tarde, esperaba con alegría el regreso de mi padre del trabajo.

De vez en cuando mis padres discutían sobre el beneficio que mis hermanos mayores y yo recibíamos en ese recinto eclesiástico. Ellos, no profesaban esa religión, pero mi madre alegaba con tanta fuerza que no le dejaba opción a mi padre. Y este asentía, dejándonos partir domingo tras domingo, temprano en la mañana.

Un bus nos recogía cerca de la puerta de la casa y nos transportaba a una iglesia pentecostal. Ubicada en el barrio de Vista Hermosa. El domingo 18 de mayo del 2014, asistimos a misa. Después estudiamos la Biblia. También, jugamos un rato en el parque de la iglesia, disfrutamos de una merienda y al terminar esta, montamos en el ómnibus de regreso a casa.

El calor era sofocante a esa hora del medio día. En el bus, los más pequeños íbamos sentados de tres en tres, éramos muchos y los asientos no alcanzaban para todos. Me recosté a la ventanilla, el viento entraba a raudales y alborotaba mis cabellos. Miraba extasiado el paisaje, me ofrecía una sensación de libertad. Los más grandes conversaban, otros cantaban.

De pronto, dejé de escuchar el motor, el bus se detuvo. El chofer y su ayudante bajaron, al parecer, para arreglar un problema eléctrico. Voy en la parte delantera del ómnibus, veo que están echando gasolina con una manguera. ¡Hay chispas y una fuerte explosión! Las llamas rápidamente cubren el bus. Algunos niños mayores han roto el cristal de las ventanas y desesperados saltan por ellas. Los vecinos han venido a socorrernos, pero no pueden, el calor es infernal y se quedan atónitos ante la impotencia de no poder ayudarnos. El fuego nos consume.

Por unos segundos hubo silencio, como si todos estuviésemos tratando de imaginar el cielo. No estábamos intranquilos. Eso habíamos estado antes, cuando se encendió la luz que a toda velocidad cruzó el bus y nos fue consumiendo, no de uno en uno, sino grupal, sin darnos tiempo a determinar un lugar para guarecernos del calor infernal.

Mi padre estaba cerca. Corrió veloz cuando un vecino dio aviso de la tragedia y aun sintiendo el calor abrazador, abrió la puerta del bus a patadas. Recorrió el corto trayecto que nos separaba, mirando horrorizado cada cuerpo e instintivamente supo cuál era el mío.

Se abalanzó sobre mí y sus fuertes brazos me sostuvieron, aunque lo quemaban, no sintió dolor en ellos. El dolor se le alojó en el alma como un clavo hirviente. Me sacó y conmigo encima, corrió, llegando así a nuestra casa.

Mi madre estaba de espaldas, revolviendo algo que cocinaba en el fogón. Los gritos de él la asustaron, ella se da vuelta quedando inmóvil, la mano levantada, detenida, con el cucharón en ella, que no sabe qué hacer. Y también grita desesperada. No está segura que sea yo, cree que dentro de unos minutos entraré corriendo por la puerta principal o estaré jugando con mis hermanos en el patio colectivo.

Ella, no se da cuenta que el mundo, inmutable, gira como las manecillas del reloj, ellas nunca van hacia atrás. Por primera vez desea fervientemente no estar viva, ni conocer lo que ya conoce, ni saber que ya no volveré a abrazarla como antaño. Que no discutiré con mis hermanos por la pasta dental o el plato de comida más apetitoso, o quizás que no botaré la basura.

Que no peleará conmigo por no querer ir a la escuela, cuando tengo mucho sueño, o estoy cansado.

En su silencio mi madre, guarda la esperanza. Recuerda una canción de cuna que escuchó en otros tiempos mejores. No se percata que las calles están aglomeradas de gentes perplejas y consternadas.

Treinta y tres niños están subiendo al cielo. Nos acompaña un adulto. La escalera es larga y vamos de uno en uno. Las luces de Fundación se apagan y en su lugar encienden velas en nuestros nombres. La oscuridad no es algo que cae sobre el mundo en un instante, viene poco a poco, sin apuro, de la misma manera que el sol oculta su resplandor y te das cuenta que ya es de noche. No fue así la gran llamarada, que vino de pronto, que no conocíamos.

Sentí tristeza, recién comprendía que el hilo de luz oscurecía. Subí con él. Vi a mis padres de rodillas, con racimos de lluvia cayendo en la tierra, y sus ojos, en el cielo.

Irma Vivian Pérez

TRAGEDIA EN FUNDACIÓN

Los niños como las flores
al viajar llenan la brisa
con sus cánticos y risa
felices y sin temores.
En Fundación los colores
los cubrió un negro manto
fieras llamas, grito y llanto,
les impedía el regreso,
al materno amor, al beso,
que ellos añoraban tanto.

Esta tragedia enlutada
ocurrida en Magdalena
pedimos con voz serena,
no debe ser olvidada.
Toda familia afectada
necesita nuestra ayuda,
ante pena tan aguda,
se impone solidaridad,
mucho amor, la hermandad,
y la conciencia desnuda.

María Teresa Mora

42

INESPERADO DESENLACE

En estos momentos de dolor irreparable ninguna frase puede cambiar las circunstancias. Solo me atrevo a expresar mis pensamientos. Me uno al dolor de los familiares que sufren de cerca el lamentable accidente, en Fundación, Magdalena, Colombia.

Dedico como ofrenda la flor del mes de mayo, Lirios que representan la pureza, humildad y dulzura que solo una criatura como un niño posee.

La pérdida de un ser querido, en especial de un hijo, es un episodio de la vida muy difícil de superar, para lo cual nunca se está preparado. Pido a Dios, de a los padres la fortaleza requerida, y consuelo.

Treinta y tres criaturas, que de forma abrupta acudieron al llamado del Señor, ahora integran el Ejército de Ángeles que velan por los que en la Tierra, oran por ellos.

Honremos a cada uno, recordando la sonrisa de sus rostros inocentes. Ellos en el cielo, felices gozarán de la vida eterna.

Que Descansen en Paz.

Pilar Gómez Nieto

33 AÑOS

33 años tenía Cristo
cuando fue crucificado
y 33 fueron los niños
que con prisa se necesitaron
fueron escogidos con urgencia
pues Angeles le faltaron

Mientras,
sus padres afligidos
acongojados
lloran su pérdida
Ellos...
regocijados
están con Dios

Y desde el cielo los velan
en espera
del día que lleguen
a morar en la Casa de Dios
Donde no habrá más despedidas.

Isabel Riverón Blanca

44

Ángeles !Alaben al Señor!
!Nombre sobre todo Nombre!
!No teman, no lloren!
Son ángeles !ángeles!
"Hay ángeles presentes en este lugar
parece que la iglesia subió o el cielo bajó
ángeles que suben y bajan
a este lugar que lleno está de ángeles de Dios
porque el mismo Dios está aquí"
Ángeles que el Señor quiso a su lado
Siente la brisa padre, madre
es tu ángel que te besa
tus niños se han convertido en querubines
de la corte del Señor, escogidos por Él
para que disfruten de su Reino
Siente la brisa padre, madre
es la caricia de tu hijo
que en susurro te dice:
!Cuán contento está en el Jardín de Paz!

Loly Triana

UN ÁNGEL, UN DESTINO

Venían de escuchar la palabra. Fueron bendecidos por aquel que dio su vida preciosa por eliminar el pecado del mundo. No sabían que ese sería su último día. Estaban contentos. Sus manitas infantiles se movían ingenuas. Sus voces daban vivas al Rey de Reyes, Señor de Señores. Y sus miradas, transparentes, impolutas, imaginaban un mundo para ser felices. Serían dichosos. Nada hacía presagiar el infierno que les deparaba la desidia, la irresponsabilidad y la falta de un corazón noble.

Sin embargo lo que el fuego letal e indiscriminado no pudo evitar fue que en ese transporte, al lado de los 33 niños héroes el Señor había enviado un ángel. Era un chicuelo rollizo, de labios color manzana, cabello en bucles y mirada cálida. El se deslizó silenciosamente cerca de los niños, mientras el fuego lamía el vehículo, y les susurró palabras sabias, vocablos calmados, creando un clima de paz y amor. Y pocos se atreverían a afirmar que los niños disfrutaban junto al ángel con la quietud como compañera, la templanza como amiga y el genuino deseo de imaginar un lugar sin guerras inmisericordes, ambiciones desmedidas y un prójimo que cierra su alma refrigerada antes de extender una mano amiga.

El ángel les habló de todo eso. De como la paloma es amiga de Dios y su mensajera, y por un correo es capaz de volar distancias inimaginables. También les contó que la mentira es la madre del pecado, por lo que ellos nunca debían decir falsedades.

Los niños lo escuchaban extasiados, hasta que uno dijo que sentía calor. Y el ángel viendo como se achicharraba lo tomó del brazo y el niño desapareció. Sus compañeros no notaron su ausencia. Solo deseaban escuchar más al ángel, a pesar que las llamas eran enormes y asfixiantes. Entonces el ángel extendiendo sus alas los envolvió a todos, con ternura, con cariño, sintiendo él también cómo el calor se apoderaba de todo su cuerpo. En ese momento observó a los 33 niños y les dijo: "¿Quieren ir a la fiesta más grande que se haya organizado jamás?" Un niño, de rostro avispado le espetó: "¿Habrá globos y serpentinas? El ángel tosió un poco y le dijo: "Todo lo que ustedes deseen estará en esa fiesta".

En el cielo se festejó grandemente la llegada de estos 33 niños. Hubo fiesta en las nubes, lluvia refrescante y caramelos de cielo. Todos fueron felices. El ángel lo disfrutó con una lágrima juguetona corriéndole por sus rojas mejillas; y más alegre se puso cuando en un cartel enorme, en letras doradas e indelebles se leía: "Bienvenidos los 33 nuevos Ángeles".

Luis Gutiérrez
Hialeah, 11-01-2014

Ese día parecía perfecto, el cielo completamente despejado, y el sol casi en lo alto.

Yo estaba en el puente peatonal del ferrocarril. De repente escucho una pequeña explosión, no le di importancia, hasta que vi una densa nube de humo y muchas personas corrían hacia ella. Me sumé al grupo, "Se está incendiando algo", pensé.
A medida que nos acercábamos, escuchábamos a las personas gritar desesperadas "POR FAVOR AYUDA", "LLAMEN A LA AMBULACIA Y A LOS BOMBEROS ". Llegué lo más rápido que pude, un bus se incendiaba. Me uní a los que ayudaban a salir a los chicos del bus, era casi imposible romper las ventanas y la puerta estaba envuelta en llamas. El tiempo se agotaba, estábamos angustiados. Una héroe, Rosiris Hernández Ávila, arriesgó y dio su vida al entrar y salir del bus en llamas para auxiliar a los niños, estaba herida, apenas tenía fuerzas para caminar. Afortunadamente salvó a 5 niños.

Las llamas, no permitían que nos acercáramos y tuvimos que retirarnos. Sentí un dolor profundo al escuchar esos niños pidiendo ayuda y no podíamos ofrecerla. Las llamas alcanzaron los asientos traseros, los niños lloraban, y nos sentíamos inútiles ante esta desgracia. El corazón insistía, que nos acercáramos a ayudar, pero era imposible, el calor nos alejaba.
Lo que más me sorprendió fue un hombre que cargó a su hijo incinerado y se lo llevó a su casa.
Familiares de los niños incinerados en el bus recibieron el saludo esperanzador del presidente Santos. "Hay doctor, que dolor, mi hijo quedó que no lo puedo conocer, las llamas me lo quemaron".

48

"¿Por qué doctor? ¿Por qué?". Esta fue la exclamación de un padre al recibir el saludo del presidente Santos, quien declaró paro nacional por esta tragedia que enlutó muchas familias. Dato interesante: El día del accidente de los niños encontramos un biblia medio quemada. La única parte que no se quemó y llamó la atención en el libro de Hechos de los Apóstoles, son los versículos:

-2:1 Al llegar el día de Pentecostés, estaban todos reunidos en el mismo lugar.

-2:2 De pronto, vino del cielo un ruido, semejante a una fuerte ráfaga de viento, que resonó en toda la casa donde se encontraban.

-2:3 Entonces vieron aparecer unas lenguas como de fuego, que descendieron por separado sobre cada uno de ellos.

¿Qué misterio ocultan estos 3 primeros versículos? ¿Algún mensaje? ¿Nos alerta de algo?

No se sabe.

Frank Lubo Barros (Edad: 16 años).
Natural de: Fundación, Magdalena, Colombia.

49

HOMENAJE A:

ROSIRIS HERNÁNDEZ AVILA

PASTORA DE ÁNGELES

Las llamas ganaban terreno, mientras los niños corrían de un lado a otro. Aquel ómnibus se había convertido en una especie de círculo de fuego. Los niños mayores, ayudaban a los más pequeños. Los hombres se habían dado a la fuga.

Los gritos se iban apagando, mientras las llamas iban en pos del silencio. Una mujer de cuarenta y dos años, llamada Rosiris ayudó a salir a varios niños, entre ellos, su preciada hija Yelena. Esa mujer, pagaba un alto precio por su osadía, que no pasaba inadvertida al insaciable incendio. Sus ropas ardían. Ya no se oían gritos.

Ella miró en derredor y solo vio seres inanimados. De pronto divisó entre las llamas, una imagen de lo que pasaba fuera del ómnibus, y pensó que por ahí podía escapar. Cuando iba a correr, se detuvo. "Yo soy la tutora de ellos. Más de una vez buscó, en el pasado, la definición de tutora, en el diccionario: "persona que ejerce la tutela. Defensora, protectora". "He sido su tutora en la vida y debo serlo en la muerte. Además, si huyo ¿quién va a guiar a mis niños a los pies del señor? A él se los tengo que entregar". Sin pensarlo más, fue en busca de las llamas.

Posdata: **Rosiris**, nombre que asociamos con la rosa y el arcoiris, fue rescatada inconsciente y murió tras varias cirugías. Su adorada Yelena se reencontró con su madre.

HUGO H. BLANCO

www.ingramcontent.com/pod-product-compliance
Lightning Source LLC
LaVergne TN
LVHW010023070426
835508LV00001B/20